Sueño del insomnio

Dream of Insomnia

MUSEO SALVAJE

Colección de poesía

───────────────

Poetry Collection

WILD MUSEUM

Isaac Goldemberg

SUEÑO DEL INSOMNIO

DREAM OF INSOMNIA

Translated into English by / Traducido al inglés por

Sasha Reiter

Nueva York Poetry Press®

PÁSERIOS
Ediciones

Coedición:
Paserios Ediciones S.A.S de C.V.
Luz Saviñón 1031
Col. Narvate, alc. Benito Juárez,
c.p. 03020, Ciudad de México
paserios.ediciones@gmail.com

Nueva York Poetry Press LLC
128 Madison Ave. Suite 2RN
New York, New York 10016
nuevayork.poetrypress@gmail.com

Sueño del insomnio / Dream of Insomnia
© 2021 **Isaac Goldemberg**

© Traducción al inglés por:
Sasha Reiter

ISBN-13: 978-1-950474-55-4

© Colección Museo Salvaje vol. 32
(Homenaje a Olga Orozco)

© Dirección:
Marisa Russo

© Edición:
Francisco Trejo

© Diseño de interiores:
Moctezuma Rodríguez

© Diseño de portada:
William Velásquez Vásquez

© Fotografía:
David Z. Goldemberg

Goldemberg, Isaac
Sueño del insomnio / Dream of Insomnia -- New York: Nueva York Poetry Press,
2021. 154 pp. 5.25 x 8 inches.

1. Poesía peruana. 2. Poesía de migrantes en EE.UU.

Un sueño es una forma involuntaria
de arte poética.

*A dream is an involuntary form
of poetic art.*

IMMANUEL KANT

Nunca sueño cuando duermo,
sino cuando estoy despierto.

*I never dream when I sleep,
but I do when I am awake.*

JOAN MIRÓ

Where do insomniacs go
when they begin to dream?

*¿A dónde van los insomnes
cuando comienzan a soñar?*

SASHA REITER

NOTA DEL TRADUCTOR

Traducir esta nueva colección de poemas de Isaac Goldemberg ha sido como zambullirse en las profundidades de un sueño despierto. "El soñador va / envuelto en la luz. / Con el día / y su falta de fe / se alzan los astros / sobre él". Isaac se aplica al lenguaje con espíritu semejante al de Ferdinand de Saussure, desafiando de manera constante mis nociones de lo que significa una palabra y usando esa zona gris para construir un puente para las ideas.

De forma similar, el dominio de Goldemberg sobre el juego entre la repetición y los matices conecta objetos, pensamientos y espacios, permitiéndome seguir al soñador en vigilia a través de un paisaje abstracto y surrealista, en el cual enfrentamos y superamos juntos muchas de esas ansiedades a las cuales puede llegarse mas fácilmente leyendo a Isaac Goldemberg. "La memoria lo ahoga. / El viento propicia destinos / que vuelven de comienzos y fines. / Y al cerrar los ojos / el soñador tiembla, / nada de la nada existe".

En esta colección, que constituye en si misma un Ars Poetica, Goldemberg cohabita con aquellas ansiedades entre los espacios del espacio y también del vacío dentro de ellos, tanto en la página como al interior de si mismo. "El soñador se deja caer / sobre la hoja en blanco / a merced del soplo inspirado, / el pensamiento hecho polvo, / cavando recuerdos, / rumas de huesos, / rostros astillados…"

El viaje que emprendemos junto con Isaac Goldemberg existe igualmente en los mundos del lenguaje y el sufrimiento, de la confusión y la expresión, de las preguntas y las respuestas. Al tratar de hacerle justicia al idioma inglés como acompañante del viaje de Goldemberg, me encontré en un cohete en la imagen de David Bowie y Elton John, atravesando una deformación en el tiempo y el espacio, donde la verdad y el lenguaje libran una guerra y hacen el amor. "el final del viaje refleja / la vigilia del soñador / en los montes / de los desiertos terrestres / y a la luz de los humanos / se cierran los muros / de la oscura galaxia".

TRANSLATOR'S NOTE

Translating this new collection of poems by Isaac Goldemberg has been like taking a plunge into the depths of a waking dream. "The dreamer is / shrouded in light. / With the day / and his lack of faith / the stars rise / above him". Isaac uses language in the spirit of Ferdinand de Saussure, consistently challenging my notions of what a word signifies, and using that grayness to build a bridge for ideas.

In a similar light, Goldemberg's mastery over the play between repetition and nuance ties objects, thoughts and spaces together, allowing me to follow the same wakeful dreamer through an abstract and surreal dreamscape, in which together we face many of those anxieties that can be more easily reached by reading Isaac Goldemberg. "Memory drowns him. / The wind fosters destinies / that return from beginnings and endings. / And when closing his eyes / the dreamer trembles, / nothing of nothingness exists".

In this collection that is itself an Ars Poetica, Goldemberg lives together with these anxieties between the spaces of space and the emptinesses within them, both on the page and inside of himself. "The dreamer drops / over the blank page / at the mercy of the inspired blow, / thought turned to dust, / digging up memories, / stacks of bones, / splintered faces…"

The voyage that we take along with Isaac Goldemberg exists equally in the worlds of language and suffering, of confusion and expression, questions and answers. In trying to do justice to the English companion for Goldemberg's journey, I found myself on a rocket in the image of David Bowie and Elton John, coursing through a warp in time and space, where truth and language wage war and make love. "the end of the voyage reflects / the wakefulness of the dreamer / on the hills / of terrestrial deserts / and in the light of humans / the walls of the galaxy / are closing".

Encontrar el modo de traducir la música que surge desde aquellos enfrentamientos, el ritmo, la extrañeza y la claridad que se acompañan en cada concepto, ha sido tan desafiante como emocionante. Además de reinventar las metáforas literales y multifacéticas de estas piezas en inglés, mi labor incluía recrear el movimiento dentro de cada una de las imágenes de Isaac. "Dentro del soñador en vigilia / anida el miedo de pisar una tierra / hollada por otros". Los objetos que lo siguen están vivos en esta colección, mudando y creciendo dentro de un poema y a lo largo de los poemas recopilados. "En la superficie el soñador / descarta la maldición / de andar sobre aires terribles / siempre hollados". El sujeto poético evoluciona en la medida que vamos conociéndolo, y sus objetos se convierten en semillas del pensamiento.

Al traducir la última línea, me encontré sorprendentemente tanto pisando tierra como atrapado en el corazón de ese espacio curvo al que Goldemberg nos permite entrar y nunca escapar del todo.

Finding a way to translate the music that emerges from that confrontation, the rhythm, the strangeness and clarity that accompany each other in each conceit, has been as challenging as it has been exciting. On top of reimagining the literal and multi-faceted metaphors within these pieces in English, my job included recreating the movement within each of Isaac's images. "Inside the dreamer in wakefulness / nests the fear of treading on a land / trampled by others". The objects that follow him are alive in this collection, shifting and growing within a piece and throughout the collected works. "On the surface the dreamer / discards the curse / of walking over terrible airs / always trodden upon". Our subject evolves as we come to know him, and his objects become the seeds of thought.

At translating his final line, I found myself both surprisingly grounded and yet trapped in the heart of that twisted space that Goldemberg allows us to enter, and never quite escape.

In Spanish, the word "sueño" means both sleep
(as in "sueño pesado": heavy sleep) and dream.

INSOMNIO

El soñador sueña en la vigilia
y sale como alma que
se lleva al diablo.
Soplan los faroles luces
en boca de la noche,
desvencijadas maletas
se desfondan risueñas
en el viaje que vuelve
emborrachado
y el soñador entra temerario
con dientes como dagas.

No se detiene.
Se salvará si logra
penetrar en lo oscuro,
desaparecerá su rostro
en la sangre del prójimo,
sirenas callarán frente
al hueso del accidente.

Se pone en la cola.
Recoge su boleto.
Entra al espectáculo:
se ve de espaldas
a la vida y esta alza
su silencio bajo el suyo,
aún no rebalsa la sombra
en que se plasma

INSOMNIA

The dreamer dreams in wakefulness,
and exits like a soul
carrying away the devil.
The streetlamps blow light
into the mouth of the night,
rickety suitcases
smile as their bottoms rip open
on the journey that comes back
drunk
and the dreamer enters, reckless
with teeth like daggers.

He doesn't stop.
He will be saved if he manages
to penetrate the darkness,
his face will disappear
in the blood of his neighbor,
sirens will quiet in front
of the bone of the accident.

He stands in line.
Picks up his ticket.
Enters the spectacle:
Sees himself with his back
to life and she raises
her silence under his,
she does not yet overflow the shadow
in which she shapes herself

porque su despertar
detrás de ella lo deslumbra
y la sequedad del ruido
mancha su alma, impidiendo
que flote su cuerpo
sobre la tierra.

Adrede rehúsa cerrar los ojos
sobre su ajena angustia,
hecho pedazos,
luchando grave, fuera de si,
liberto, separado de la luz
y de las sombras,
para evitar morir
como hilacha de carne
en la memoria.

Lo que fuera de si calla,
rehuyendo zafarse del vacío,
se esconde encogiéndose
en imágenes
de vigilia, en la última
ola de palabras,
libre de voces hasta partir
como único
grito de la sílaba.

Su cuerpo, rápido,
de pie ante la pobre
desazón del adjetivo,
alza el alma,

because his waking
behind her dazzles him
and the dryness of the noise
stains his soul, preventing
his body from floating
above the earth.

He refuses to close his eyes on purpose
over his detached anguish,
torn asunder,
fighting gravely, out of himself,
freed, removed from light
and shadows,
to avoid dying
like a thread of flesh
in memory.

What's outside of him quiets,
refusing to pull away from emptiness,
hides shrinking
in vigilant
images, in the last
wave of words,
free of voices until parting
as the only cry
of the syllable.

His body, quick,
on foot facing the poor
uneasiness of the adjective,
lifts its soul,

no ve al que se aleja
intentando hallarse
en la imagen,
desconcertado frente
al rugir del verbo,
obviando su corazón ajeno
a espaldas suyas,
entregado.

does not see the one who walks away
trying to find himself
in the image,
bewildered
at the roar of the verb,
oblivious to his disconnected heart
behind him,
surrendered.

PAZ

El soñador despierta
mientras duerme
con la mirada fija
en el techo del sueño.
Confía en el espíritu
que promete el triunfo
en la derrota.
Hace lo menos útil
para seguir con vida.
Calla lo que nunca tose
en su garganta.
Come aire,
nunca la solidez del alimento.

Despierta en lo mas profundo
de sus ojos.
En la superficie
la tierra se ha hundido,
están abiertos sus espacios
y ya obrando.
El soñador se cruza de brazos,
la muerte es suave
y alimenta.

Es mejor no despertar,
el mundo real
invita al sueño
y la paz se esfuma
en su carroza blanca.

PEACE

The dreamer wakes
while he sleeps
with his gaze fixed
on the ceiling of the dream.

He trusts the spirit
that promises triumph
in defeat.
He does what is least useful
to keep alive.
He silences what never coughs
in his throat.
He eats air,
never the solidity of nourishment.

He wakes in the deep end
of his eyes.
The earth has sunk
on its surface,
the spaces are open
and already working.
The dreamer crosses his arms,
death is soft
and nourishing.

It's better not to wake up,
the real world
invites to sleep
and peace vanishes
in its white hearse.

TERRA IGNOTA

Sembradores de aires,
no atraviesan el umbral
de la tierra.
El triunfo los acerca
al cielo conocido
y la luminosa quietud de las naves
y hombres y mujeres
sueñan en la vigilia
con las pequeñas manos
de un negro espacio.

El soñador desdeña los signos
de calmos puntos terráqueos
donde las computadoras
y los satélites
son el conocimiento arrojado
a una vana ignorancia.

Las naves se hunden
en el suave vacío,
y hombres y mujeres
se dicen a si mismos:
la pérdida de la tierra
nos impulsa mas lejos,
mas débiles que la carencia de todo,
sin armas de real humildad.

TERRA IGNOTA

The sowers of air,
do not cross the threshold
of the earth.
Triumph brings them closer
to the known sky
and the luminous stillness of the ships,
and men and women
dream in vigil
about the small hands
of a black space.

The dreamer disdains the signs
of calm earthly points
where the computers
and the satellites
are the knowledge thrown
into vain ignorance.

The ships sink
into the soft void,
and men and women
tell themselves:
the loss of the earth
propels us further,
weaker than the scarcity of everything,
without weapons of real humility.

En los cerebros penetra el espacio
de la sorpresa,
del pesimismo a la calma,
dentro de las naves son dulces
los sueños de la travesía.

En las bóvedas del espacio
el soñador sueña en la vigilia
con el todo infinito.
Hombres y mujeres leen el azar
colgado de las constelaciones
y en los cantos de Sirena,
para que la cobardía
de los humanos choque
con la realidad del viaje.

Into the brains enters the space
of surprise,
from pessimism to calmness,
inside the ships the dreams
of the crossing are sweet.

In the outer space vaults
the dreamer dreams in wakefulness
of the infinite whole.
Men and women read their fortune
hanging from the constellations
and in the songs of Sirens,
so that the cowardice
of humans will crash
with the reality of the journey.

PRESAGIOS

Presagios que anuncian
su silencio con cornetas y atabales
desde superficies y subsuelos,
en tuiters, emails,
instagram y facebook,
escritos en la piel del sueño,
en la impaciencia de lo eterno,
en paredes que lo oyen todo,
que cierran sus oídos al viento
que se abre para que ingrese
la gramática relamiendo sus lenguas,
las de hoy y las babélicas,
las vivas y las muertas,
las que en su mudez anuncian
sus presagios.

OMENS

Omens that announce
their silence with horns and drums
from surfaces and basements,
in twits, emails,
instagram and facebook posts,
written on the skin of the dream,
on the impatience of the eternal,
on walls that hear everything,
that close their ears to the wind
which open so that grammar
can enter licking its tongues,
those of today and those from Babel,
the live ones and the dead,
those which in their muteness, announce
their omens.

SOMBRAS

Trepanadores de cráneos
en el espacio.
De seres que hacen la paz
y devuelven los reinos
y viven rezando
y suplicando,
los pies cerrados,
cerrados los cerebros,
de seres que esconden
sus labios cerrados,
al soñador le parece
alentador su silencio.

El olvido recobra
sus huecos de placer
el humano carece
de la voluntad
de soñar y calla
en el espacio privado.
El soñador conserva
el fuego apagado,
ha rechazado preservar
el pasado, sus cuerpos
y sus ahogos.
El soñador ha rechazado
el espíritu
de los que no sueñan.

SHADOWS

Trepaners of craniums
in space.
Of beings who make peace
and return the kingdoms
and live praying
and imploring,
their feet closed,
their brains closed,
of beings who hide
their closed lips,
their silence seems
encouraging to the dreamer.

Oblivion recovers
its hollows of pleasure,
the human lacks
the will to dream
and keeps quiet
in the private space.
The dreamer retains
the extinguished fire,
he has refused to preserve
the past, its bodies
and its drownings.
The dreamer has rejected
the spirit
of those who do not dream.

El futuro se sosiega
en el paso de pocos segundos.

Mentes cabizbajas
para la escritura de la historia,
ese sol brillante,
preservar las sombras
en la oscuridad,
más cerca del impermeable
tiempo, y más cerca del agua.

Viejos de pie con sus máscaras
sombreadas, quitan al dios
desde la lúcida inteligencia,
donde permanece la brevedad
podrida de la tierra,
y el soñador en la vigilia
intenta traducir
las leyes de su sueño.

The future quiets
in the passage of a few seconds.

Downcast minds
for the writing of history,
that brilliant sun,
to preserve the shadows
in the darkness,
closer to impermeable
time and closer to water.
Old men on foot with their shady
masks, remove the god
from lucid intelligence,
where the rotten brevity
of the earth remains,
and the dreamer in wakefulness
attempts to translate
the laws of his dream.

AIRE

Y de pronto, en la mente del soñador
en la vigilia, las respuestas
sin preguntas.
hojas que se desprenden, mudas,
sobre la tierra enlodada,
que el viento lamenta una a una,
al no poder devolverlas a sus ramas.
Prueba del azar del tiempo
que nace de la niebla,
fantasmas que recogen frutos del aire,
y la humedad en besos apasionados
con las piedras.
La gravedad enloquecida
propulsando el mundo
a las arribas.
Dulce es el sabor de la nada infinita.

AIR

And, suddenly, in the mind of the dreamer
in wakefulness, the answers
without questions,
leaves that break off,
silent, over the muddied soil,
which the wind moans over one by one,
at not being able to return them to their branches.
Proof of the randomness of time
that is born of the fog,
ghosts that collect fruits of the air,
and the humidity in passionate
kisses with the stones.
The gravity in its madness
propelling the world
toward the hights.
Sweet is the flavor of infinite nothingness.

ODISEA DEL ESPACIO

La quietud esculpe sobre la piedra
sus silencios de ceremonia
y de números.
No existe el valor aparente,
la nada desunida
por un hilo hechizado.
Cuerpos desnudos cierran
los altares del sacrificio,
el obediente ascenso.

El soñador aparta los ojos
del comienzo del tiempo
por el hueco de un único
camino malintencionado.
No es el tiempo
para mutar los espacios sólidos
de las noches que quedan
con la nuca al descubierto,
con la caída de los abismos.

Nadie confía en poder leer la tierra.
Pueblos de pequeñas caídas.
Un sintiempo donde
los límites de la vida
y la sequedad de los aires animan
el poco espacio de lo quieto.

Isaac Goldemberg

SPACE ODYSSEY

Stillness carves on the stone
its silences of ceremony
and numbers.
There's no apparent value,
nothingness disjuncted
by a spellbound thread.
Naked bodies close down
the sacrificial altars,
the obedient ascent.

The dreamer veers his eyes
away from the beginning of time,
through the hole of a single
malicious path.
It is not the time
to change the solid spaces
of the nights that remain
with their necks exposed,
with the fall of the abysses.

No one is certain
on how to read the earth.
Peoples of small failings.
An untime where
the limits of life
and the dryness of the air enliven
the scarce space of what's quiet.

El soñador abandona
el hechizo del espacio
por el hueco del claro reconocimiento.
Le arranca al dios astronauta
sabios de pie
con sus libros oscuros.
Y mas acá del agua,
mas acá de la porosa eternidad,
se disipan los tiempos
y los espacios,
ese oscuro astro empequeñecido,
alejado de los telescopios,
esas mentes cabizbajas
leyendo el pasado.

The dreamer abandons
the spell of space
through the hole of clear recognition.
He snatches from the astronaut god
wise men standing
with their dark books.
And unfar from the water,
unfar from the porous eternity,
the times and the spaces
scatter,
that dark star grown little,
removed from the telescopes,
those crestfallen minds
reading the past.

MÁSCARAS

El soñador esconde las manos
en el fondo de sus ojos,
se enmascara por dentro,
sonríe de costado en pleno oscuro,
sin ventanas ni pasadizos
que lleven a lo claro,
limpiándose todo lo efímero.
Se detiene ante la luz
incierta del ocaso,
se eleva con las alas del otoño,
el cuerpo en remolino.
Se llueve, se fuega,
se nieva,
se agua.
Se le permite todo
si aletea con los codos
y si ríe,
atado a pies y manos.

MASKS

The dreamer hides his hands
in the depths of his eyes,
masks himself from the inside,
smiles sideways in the midst of darkness,
with no windows or corridors
leading toward clarity,
cleansing all that is ephemeral in him.
He stops before the uncertain
light of dusk,
rises with the wings of autumn,
his body in a whirl.
He rains, he fires,
he snows,
he waters.
Everything is permitted to him
if he flaps his elbows
and if he laughs,
tied to his feet and hands.

TRAVESÍA

Dentro del soñador en vigilia
anida el miedo de pisar una tierra
hollada por otros.
Admira el ansia
de lanzarse al viaje,
en carnes afeando
las ramas del aire.
Sobre los fantasmales astros
del firmamento,
como haces de sombras
cae la luz más lejana
borrando los horizontes.

Antes del viaje milenario
a la tierra conocida
malos agüeros
vuelan por los aires,
ninguna oración
se oye en las naves,
la maldición calla en el espacio.
Seres de tierra,
faltos de magia,
la expansión no es su objetivo
sino la mordaza de una creencia
enseñada a tierra y agua.

VOYAGE

Inside the dreamer in wakefulness
nests the fear of treading on a land
trampled by others.
He admires the yearning
to plunge into the voyage,
in flesh disfiguring
the branches of the air.
Over the ghostly stars
of the firmament,
like beams of shadows
the most distant light is falling,
erasing the horizons.

Before the millenary voyage
to the known land,
bad omens
fly through the air,
not a prayer
is heard on the ships,
the curse keeps quiet in space.
Earth beings,
lacking in magic,
expansion is not their goal
but the muzzle of a belief
taught through land and water.

El soñador sabe que son
los hombres y mujeres
que nunca zarparon,
los siempre llegados a Tierra,
los cuerdos.
De los hilos del favorable futuro
están prisioneros.
de su despertar lineal,
la música de las esferas,
del germen de sus realidades,
sus números de breves planetas.

En los días que se tuercen
y se recogen en su cautela,
el final del viaje refleja
la vigilia del soñador
en los montes
de los desiertos terrestres
y a la luz de los humanos
se cierran los muros
de la oscura galaxia.

The dreamer knows that they are
the men and women
who never set sail,
the ones who always reach Earth,
the sane.
They are prisoners of the threads
of the favorable future,
of their linear awakening,
the music of spheres,
the germ of their realities,
their numbers of brief planets.

In the days that become twisted
and retreat in their caution,
the end of the voyage reflects
the wakefulness of the dreamer
on the hills
of terrestrial deserts
and in the light of humans
the walls of the dark galaxy
are closing.

NADA

El sendero no lleva a la infancia,
al verdor de los bosques,
a la bruma imborrable.
Se bifurca en ramas amputadas
que señalan raíces
en un bosque invisible
a los ojos del soñador
que en su sueño no duerme.

La memoria lo ahoga.
El viento propicia destinos
que vuelven de comienzos y fines.
Y al cerrar los ojos
el soñador tiembla,
nada de la nada existe.

NOTHINGNESS

The path doesn't lead to childhood,
to the greenery of forests,
to the indelible haze.
It forks into amputated branches
that point at roots
in a forest that's invisible
to the eyes of the dreamer
who does not sleep in his dream.

Memory drowns him.
The wind fosters destinies
that return from beginnings and endings.
And when closing his eyes
the dreamer trembles,
nothing of the nothingness exists.

Palabras

El soñador emerge
de la palabra hablada,
los codos sobre el silencio.
Donde la luz comienza,
se incorpora su sombra
en cuatro patas,
prendida del techo
como una araña que teje
debajo de la caída
las redes del pensamiento
que la jalan al fondo
del estallido
que contra el vacío
producirá su cuerpo.
Se acomoda el abismo,
le abre los brazos,
lo llama,
una voz pide paciencia,
todo ha desaparecido
y el soñador se zambulle
en la palabra hablada
sobre la que está escrita.

WORDS

The dreamer emerges
from the spoken word,
his elbows over the silence.
Where light begins,
his shadow stands up
on four legs,
grabbing the ceiling
like a spider weaving
beneath its fall
the networks of thought
that pull him to the bottom
of the explosion
that his body will produce
against the vacuum.
The abyss gets ready,
it opens its arms to him,
calls him,
a voice asks for patience,
everything has vanished
and the dreamer dives
into the spoken word
over the one that's written.

TIERRA PROMETIDA

La ruta de la noche
del soñador que llega,
la ruta del día
de los seres idos,
el pasado borra.
Odio para el enemigo enemigo,
para el enemigo amigo,
los silencios del pasado
y los del futuro,
nada se separa
y nada se mezcla.

Los esclavos de la pluma
entre el sollozo del perro,
las bienvenidas del aire,
los esclavos al descubierto
en plena luz,
la sombra de la oscuridad
o de la vida,
en los ojos del soñador.
Héroes desconocidos
de hazañas inútiles,
hombres que ruidosamente
se quedan
en sus ningunos ellos,
rota la cadena de aire y fuego,
el pasado todo lo borra.

PROMISED LAND

The night road
of the beings arriving,
the day road
of the beings gone,
the past erases.
Hatred for the enemy enemy
for the enemy friend.
the silences of the past
and those of the future,
nothing separates
and nothing is mixed.

The slaves of the feather
among the sobs of the dog,
the welcomings of the air,
the slaves exposed
in full light,
the shadow of darkness
or life,
in the eyes of the dreamer.
Unknown heroes
of futile feats,
men who remain
noisily
in their unselves,
broken the chain of air and fire,
the past erases it all.

En el esfuerzo del soñador
por preservar el presente,
en las ciudades atestadas,
en las ausencias dulces,
un breve hilo lo sostiene.
Abundan saqueos
de casas y palacios.
Falta la paz.
De dos o tres letras
o sólo de la Alef
el presente conocido
desaparece
en su destrucción.

In the dreamer's effort
to preserve the present,
in the crammed cities,
in the sweet absences,
a brief thread sustains him.
Plundering of houses
and palaces abound.
Peace is lacking.
From two or three letters
or just the Aleph,
the known present
disappears
in its destruction.

JUEGOS

Las casas se desmoronan
jugando a las escondidas
y flotan en el aire
palabras como cenizas,
mensajes que llegan tarde
y se disculpan por la tardanza.
Devuélvanlos al remitente,
sopla la voz del soñador
quien en su vigilia
se sueña cadáver
entre las ruinas
que se mantienen en pie
con las puertas abiertas
y busca su casa,
mucho mas viejo
de lo que es ahora,
siempre con un pie
en el puente
que juega a las escondidas
a plena vista
y lleva a la fosa.

GAMES

The houses crumble
playing hide and seek
and words float
in the air like ashes,
messages that arrive late
and apologize for the delay.
Return to sender,
blows the voice of the dreamer
who in his wakefulness
dreams himself a corpse
among the ruins
that remain standing
with their doors open
and searches for his house,
much older
than he is now,
always with one foot
on the bridge
that plays hide and seek
in plain sight
and leads to the grave.

TRÁNSITO

En el sueño de su vigilia,
el soñador se doblega
ante la realidad ajena.
Carece de la ingravidez de las aves
para su finita limitación.

Su paranoia es una andanada
de picaduras.
Ignora de dónde viene.
No posee la máquina procreadora,
guardada y negada.

Han desaparecido las constantes
de la procreación.
En campo abierto
las sombras no trepan.

El soñador ignora de dónde viene.
Se ha despojado
de la vestimenta de los vivos,
y pájaros han brotado de las fosas.

A los humanos
no les basta los signos
que pensaron eran
el azar de los muertos.

TRANSIT

In the dream of his wakefulness,
the dreamer bows
before the alien reality.
He lacks the weightlessness of birds
for his finite limitation.

His paranoia is a barrage
of stings.
He does not know where he comes from.
He does not possess the procreating machine,
guarded and denied.

The constants of procreation
have disappeared.
In the open field
the shadows are not climbing.

The dreamer does not know where he comes from.
He has stripped himself
of the clothes of the living,
and birds have sprouted from the graves.

The signs that the humans
thought were the luck
of the dead
are not enough.

Han escrito sobre letras
ya escritas,
sobre la certidumbre
que arroja el asombro de la vida.

En su vigilia el soñador necesita
más luces y sombras,
las que obedecen al ojo
de la desconfianza.

They have written over letters
already written,
over the certainty
yielded by the astonishment of life.

In his wakefulness the dreamer needs
more lights and shadows,
those which come from
mistrust of the eye.

HOJA EN BLANCO

La oscuridad del día
juega con la luz del sol.
La tierra se torna
blanda roca,
se sumerge en la sombra
de la vida.
Los fantasmas amigos cantan
una canción de cuna.
El soñador se deja caer
sobre la hoja en blanco
a merced del soplo inspirado,
el pensamiento hecho polvo,
cavando recuerdos,
rumas de huesos,
rostros astillados,
buscando la imagen
certera de lo que es
y no ha sido,
satisfecho de yacer en el suelo,
respirando
el olor asqueroso
de la hoja en blanco.

BLANK PAGE

The darkness of the day
plays with the sunlight.
The earth becomes
a soft rock,
dives into the shadow
of life.
The friendly ghosts sing
A lullaby.
The dreamer drops
over the blank page
at the mercy of the inspired blow,
thought turned to dust,
digging up memories,
stacks of bones,
splintered faces,
searching for the precise
image of what is
and has not been,
satisfied to lie on the ground,
breathing
the repugnant smell
of the blank page.

CUENTO

Bajo una lluvia copiosa
el soñador se lanza
feliz, de cabeza,
al agua de sus recuerdos
que corren dando la vuelta
por puertas secretas
y se precipitan
por la maleza inundando
lechos de partos
y fosas abiertas,
movidos por vientos
que soplan infancias
en el ojo del soñador
que se sueña bajo
un cielo nublado de otoño
con una lluvia copiosa
entre figuras preñadas de blancas
migajas que marcan el sueño
que puedan devolverlo
a su extraviada senda.

TALE

Beneath an abundant rain
the dreamer plunges
happily, head first
into the water of his memories
that run, turning around
through secret doors
and launch themselves
into the weeds, flooding
laboring beds
and open graves,
moved by winds
that blow childhoods
in the eye of the dreamer
who dreams himself under
a cloudy sky in autumn
with an abundant rain
among shapes pregnant with white
breadcrumbs that mark the dream
capable of returning him
to his lost trail.

CAMINOS

El soñador que en la vigilia sueña,
cuánto ha andado
en el color y el sonido,
en el polvo de la ciudad
y en el lodo de los campos.
En el olor de la carne
tendida al sol,
en el sudor de la sombra,
el roce de los sobacos,
las salivas de lujo,
las flemas lluviosas.
Cuánto ha andado
en la explosión
de los estornudos,
en el rencor del escupitajo,
en la tos feliz de la gente
que en la vigilia se sueña.

ROADS

The dreamer who dreams in his wakefulness,
has walked for so long
on the color and the sound,
on the dust of the city
and on the mud of the fields.
In the smell of the flesh
spread out in the sun,
in the sweating of the shade,
in the friction of the armpits,
the luxury of salivas,
the rainy phlegms.
He has walked for so long
on the explosion
of sneezes,
in the rancor of spittle,
in the happy coughing of people
who dream themselves in wakefulness.

VÍA LÁCTEA

El vacío del día
del soñador que parte,
el vacío del tiempo
de los humanos que llegan,
el presente todo lo graba.
Amor para el amigo amigo,
para el amigo enemigo,
los gritos del presente
y los del pasado,
todo se une
y todo se entrevera.

Los libertos de la espada
frente a la risa del gato,
las despedidas del fuego,
los libertos al encubierto
en medio del bosque,
la luz del día o de la muerte,
en los oídos del cordero.
Cobardes conocidos
de guerras audaces,
todo lo transportan,
seres que en silencio parten
hacia sus otros ellos,
cosida la soga de tierra y agua,
el presente graba.

MILKY WAY

The emptiness of the day
of the dreamer leaving,
the emptiness of the time
of the humans arriving,
the present records it all.
Love for the friend friend,
for the enemy friend,
the screams of the present
and those of the past,
everything unites
and everything mingles.

The freedmen of the sword
before the cat's laughter,
the farewells of the fire,
the freedmen hiding
in the middle of the forest,
the light of day or that of death,
in the ears of the lamb,
known cowards
of daring wars,
they carry off everything,
beings who leave in silence
toward their other selves,
sewn is the rope of water and earth,
the present records it all.

En el deseo del soñador
de transmutar el futuro,
en los planetas vacíos,
en las presencias amargas,
una larga cadena lo deja caer.
Falta la paz en cuevas y cabañas.
Abunda la guerra.
Sin uno o dos números
o además del cero,
el futuro permanece desconocido
en su construcción.

Operadores de almas en la tierra.
De seres que libran batallas
y guardan la libertad
y mueren blasfemando
y maldiciendo,
las manos abiertas,
abiertas las almas,
de seres que muestran
bocas cerradas,
le suena al soñador
desalentador su bullicio.

La memoria pierde
sus espacios de dolor,
los humanos incuban
el deseo de despertar
y hablan colectivamente
en el sueño.

In the dreamer's desire
to transmute the future,
in the empty planets,
in the bitter presences,
a long chain lets him fall.
In caves and huts peace is lacking.
War abounds.
Without one or two numbers
or in addition to the zero,
the future remains unknown
in its making.

Operators of souls on earth.
Of beings who fight battles
and keep the freedom
and die swearing
and cursing,
hands open,
souls open,
of beings who show
closed mouths,
to the dreamer their uproar
sounds discouraging.
Memory loses
its spaces of pain,
the humans incubate
the desire to wake
and speak colectively
in the dream.

No guardan
el aire prendido,
han aceptado
destruir el futuro,
su espíritu y su respiración.
Han aceptado el cuerpo
de los que despiertan.
El futuro se inquieta
en la mente del soñador,
en el estancamiento
de muchas horas.

They do not keep
the air ablaze,
they have settled
on destroying the future,
its spirit and its breathing.
They have accepted the body
of those who are waking.
The future disquiets
in the mind of the dreamer,
in the deadlock
of many hours.

FRUTOS

El soñador acelera
lo que se detiene,
interrumpido
por tiempos pasados,
ya que para quien sueña
en la vigilia,
las noches no son
parte del día
y permanecen
antagonistas
de triunfos
vencidos
y victoriosas
derrotas.

En el presente
del soñador
que sueña en la vigilia,
los frutos de cera
crecen en ramas
de piedra,
aún no maduros,
tentando a las avecillas
que se rompen
el pico en el trino
de la codicia.

FRUITS

The dreamer hastens
that which stops,
interrupted
by past times,
since, for he who dreams
in wakefulness,
nights are not
part of day
and remain
antagonistic
in vanquished
triumphs
and victorious
defeats.

In the present
of the dreamer
who dreams in wakefulness,
the wax fruits
grow on branches
of stone,
not yet ripe,
tempting the baby birds,
who break
their beaks in the trill
of greed.

Sólo sus alas
salvarán
al soñador
de lanzarse
en picada
a la vida.

Only their wings
will save
the dreamer
from plunging
head first
into life.

NATURALEZA VIVA

El soñador presencia
el campo que marcha
hacia adelante
y la ciudad
que retrocede
por túneles de nieve
y se pregunta
por el viaje en vagones
atestados de ojos
y bocas que existen
con la mirada ciega
y el grito congelado,
ausentes a la soledad
del paisaje,
testigos mudos
del campo
que ahora retrocede
y la ciudad
que marcha
hacia adelante
por túneles de muerte.

La noche desaparece
tras sus ojos,
un soplo de sueño
lo despierta
y el soñador sueña

UNSTILL LIFE

The dreamer witnesses
the field that marches
forward
and the city
that moves backward
through tunnels of snow
and asks himself
about the trip in wagons,
crowded with eyes
and mouths existing
with a blind gaze
and a frozen scream,
absent to the solitude
of the landscape,
silent witnesses
of the field
that now recedes
and the city
that marches
forward
through tunnels of death.

The night disappears
behind his eyes,
a dream's breath
wakes him
and the dreamer dreams

una boca hambrienta
que lo acaricia
y dos brazos
amputados
que en su furia,
lo besan.

a hungry mouth
caressing him
and two amputated
arms
that in their rage,
kiss him.

APARICIONES

Allá desaparece
el desierto dibujado
una y otra vez
en el sueño
del soñador en vigilia.
Borrados en la arena
se hunden los fantasmas
de lo blanco,
cadenas arrastrando
sin fuerza a los astros,
un cielo muerto.

Pirámides en construcción,
edificios de tierra,
ciudades ocultas
en el espacio.
Días líquidos,
la muerte vacía acecha.
Ramas de carne,
músculos de flexibilidad
paciente,
sobrevivientes pies
encima de las rocas.

El soñador
agacha la cabeza,
presencia

APPARITIONS

Yonder, the drawn
desert disappears,
again and again,
in the dreamer's
dream in wakefulness.
Erased in the sand,
the ghosts of whiteness
sink,
chains dragging
the stars without strength,
a dead sky.

Pyramids under construction,
mud buildings,
cities hidden
in space.
Liquid days,
empty death lurks.
Branches of flesh,
muscles of patient
flexibility,
surviving feet
above the rocks.

The dreamer
bows his head,
witnesses

la pequeñez del todo
y saltan los astros
en el firmamento negro.

El aire dispara
sombras,
cerrado por el silencio.
Excava con ahínco
la muerte
la oscuridad
de la tierra esclava,
el largo sonido
de las piedras,
la sombra,
el pensar
de las viejas esferas.

Sólo el desierto
da acceso.
En el cielo turbio
el soñador
busca su mirada.

the smallness of the whole
and the stars leap
in the black firmament.

The air shoots
shadows,
closed by silence.
Death
eagerly digs up
the darkness
of the enslaved earth,
the long sound
of the rocks,
the shadow,
the thinking
of the old spheres.

Only the desert
gives access.
In the clouded sky
the dreamer
seeks his gaze.

LUCES

Aguas blancas
aparentemente
serenas,
luces negras
aparentemente
apagadas,
corriendo las aguas
por sendas de aire,
las luces retratándose
sobre caminos de tierra.

Del otro lado,
siluetas que pueden
ser cuerpos que cuelgan
de techos y ventanas.
Encrucijadas
que se entreveran
en círculos de laberinto
y desembocan
en los ojos
del soñador
que en la vigilia
sueña.

Imposible distinguir
si la sombra
que lo arrastra
es la suya

LIGHTS

White waters
seemingly
serene,
black lights
seemingly
turned off,
the waters running
through pathways of air,
the lights drawing their portraits
on dirt roads.

On the other side,
silouhettes that could
be bodies hanging
from roofs and windows.
Crossroads
that intermingle
in laberinthine circles
and flow
into the eyes
of the dreamer
who in his wakefulness
dreams.

Imposible to make out
if the shadow
that drags him
is his

u otra contraria
de quien no se sueña.

Una voz le ordena
apartarse de las aguas
y de las luces
que nada alumbran,
que regrese
a la casa
donde habita
la sombra
del soñador
que en la vigilia,
sueña.

or some other opposite
from the one who is not dreaming.

A voice orders him
to move away from the waters
and the lights
that light up nothing,
to go back
to the house
inhabited
by the shadow
of the dreamer
who dreams
in his wakefulness.

SEÑALES

El soñador cruza
los desiertos prometidos,
los bosques oscuros.
Las lluvias de fuego
golpean su féretro
alumbrando
el silencio,
endureciendo
el espíritu
como una señal.

El espacio
es la boca del lobo,
y los dioses del humano
callan sus lenguas.

Delante de las llanuras,
detrás de los bosques,
las ruinas exhuberantes,
el aire y los golpes
del lejano templo,
las escamas del pez,
la piedra apagada,
el altar del sacrificio
supremo.

El soñador ignora
a dónde va y por qué.

SIGNS

The dreamer crosses
the promised deserts,
the dark woods.
The rains of fire
strike his coffin
lighting up
the silence,
hardening
the spirit
like a sign.

Space
is the mouth of the wolf,
and the gods of the human
hold their tongues.

In front of the plains,
behind the woods,
the exuberant ruins,
the air and the blows
of the distant temple,
the scales of the fish,
the lifeless stone,
the altar of the supreme
sacrifice.

The dreamer does not know
where he is going or why.

Ignora las formas
de los escondites
y el arte
de las travesías sin fin.
El pasado lo hunde.

El soñador va
envuelto en la luz.
Con el día
y su falta de fe
se alzan los astros
sobre él.

He does not know the shapes
of the hiding places
or the art
of endless crossings.
The past sinks him.

The dreamer is
shrouded in light.
With the day
and his lack of faith
the stars rise
above him.

CASAS

En vez de conciliar
el sueño
el soñador decide
abrir los párpados
y ceder
a la invasión
de otro día,
la luz oscura
del pasado,
los latidos dementes
del cerebro,
que finge ser el corazón
bombeando sangre
a sus recuerdos.

Silba la luz
detrás de la vigilia
y su silbido
se refracta en los espejos
que sueñan al soñador
soñando perdido
en imágenes futuras,
yendo y viniendo
sin encontrar la casa
de su errancia,
y no se percata
de que la lleva
a cuestas.

HOUSES

Instead of falling
asleep
the dreamer decides
to open his eyelids
and yield
to the invasion
of another day,
the dark light
of the past,
the mad beats
of the brain
pretending to be the heart
pumping blood
to his memories.

The light whistles
behind the wakefulness
and its withstling
refracts inside the mirrors
that dream the dreamer
lost in his dream
in future images,
coming and going
without finding his wandering
house,
and without realizing
he is carrying
it on his back.

DESAPARICIONES

El soñador
penetra
en la velocidad
de la luz
y sus manos
se aferran otra vez
a los instrumentos
del viaje.
El planeta no prometido,
los negros espacios
del invierno sideral
lloran en pie de guerra,
la desconfianza
hace olvidar
el venidero fervor
de la batalla.

El soñador
ignora los bienes
de la tierra olvidada,
ahora estrecha,
los meridianos quebrados
y su mansa aridez,
desprovista
de lo conocido.

El día se aleja de él
con sus sucias sombras.

DISAPPEARANCES

The dreamer
penetrates
the speed
of light
and his hands
grasp once more
the instruments
of the voyage.
The planet not promised,
the black spaces
of sidereal winter
weep up in arms,
the distrust
makes them forget
the oncoming fervor
of the battle.

The dreamer
does not know the goods
of the forgotten earth,
now narrow,
the broken meridians
and the gentle aridity,
devoid
of the known.

The day moves away from him
with its dirty shadows.

No siente la apertura
en el centro espacial,
no pierde el aliento
ante la magnitud
del misterio.

El soñador ama la vida
entre graves jadeos
y dulces maldiciones
de lo por venir.

He does not feel the opening
at the center of space,
he does not lose his breath
at the magnitude
of the mystery.

The dreamer loves life
in between severe panting
and the sweet curses
to come.

OJOS Y SILENCIO

Después
de tantas palabras
soñadas en la vigilia,
el soñador busca
el silencio.
Su oscuridad
se mofa de la luz
que sonríe en el cristal
de la ventana.
De pronto siente
un leve sopor
arrastrándose por su
corazón despierto.
Cierra los ojos
y lanza la mirada
como una caña de pescar
sobre la soledad del cuarto
y engancha
manos vacías,
corredores negros,
sonidos lejanos,
indiferentes a las palabras
que callan
y el soñador se afana
en encontrar
la luz que se mofa
de las palabras despiertas.

EYES AND SILENCE

After
so many words
dreamt in wakefulness,
the dreamer looks for
silence.
His darkness
mocks the light
smiling on the crystal
of the window pane.
Suddenly he feels
a slight drowsiness
crawling through his
woken heart.
He closes his eyes
and casts his gaze
like a fishing rod
over the lonliness of the room
and hooks up
empty hands,
black corridors,
far away sounds,
indifferent to the words
that keep quiet,
and the dreamer strives
to find
the light that mocks
the woken words.

LUZ DE LUNA

La luz lo seduce,
la luz de una luna
que tras nubes diurnas
y por sobre su cabeza
juega a esconderse,
y el soñador siente
que se le desata
su lengua despierta,
lame palabras,
los pasos de gentes
que ya no regresan,
que marchan de lado,
la vista erecta,
seducidos por la luz
de una luna
que juega a esconderse
detrás de sus ojos,
por sobre su existencia.

El camino le gruñe,
muestra sus fauces
y el soñador se esconde
tras la piel de su alma,
que le ladra a buscar
otro sueño
en una senda distinta
que lo lleve al rincón
donde su vida,

MOONLIGHT

The light seduces him,
the light of a moon
which behind daily clouds
and over his head
plays hide and seek,
and the dreamer feels
that his woken tongue
unleashes itself,
licks words,
the steps of people
who won't ever return,
who march sideways,
their eyes erect,
seduced by the light
of a moon
that plays hide and seek
behind his eyes,
over his existence.

The road growls at him,
it bares its jaws
and the dreamer hides
behind the skin of his soul,
which barks at him to look
for another dream
on a different path
that would take him
to the corner

apasionada,
lo espera y lo besa
bajo una luz
que lo seduce,
la luz de una luna
que detrás de su sombra
juega a esconderse.

where his life,
impassioned,
awaits him and kisses him
under a light that seduces him,
in the light of a moon
that behind his shadow
is playing hide and seek.

ÉXODO

El soñador de la vigilia
ignora por qué parte.
Con la certeza
de lo desconocido
se alza en su descreencia.
Con el primer silencio
de la noche abandona
sus huellas terrestres.
El sueño de los desiertos
se niega a aparecer.

Él es el nuevo colono,
el pasado lo humilla
con su conocida canción.
El arte de la piedra
y los métodos de
enterramiento
le son secretos.

El soñador ignora
por qué parte.
El hierro callado,
la arena apagada,
El aire y la caricia
del ombligo lejano,
los calmos planetas,
flotan en la galaxia
frente a lo negro.

EXODUS

The dreamer in wakefulness
does not know why he is leaving.
With the certainty
of the unknown
he rises in his disbelief.
With the night's
first silence, he abandons
his earthly foot prints.
The dream of deserts
declines to appear.

He is the new settler,
the past humiliates him
with its familiar song.
The art of the stone
and the methods
of burial
are a secret to him.

The dreamer does not know
why he is leaving.
The quiet iron,
the dim sand,
the air and caress
of the distant navel,
the calm planets,
float in the galaxy
against the blackness.

Con palabras visibles
hablan los humanos con
sus nuevos dioses
mientras el firmamento
quiere arder.

Con la carencia de la tierra,
el soñador atraviesa
los corredores de aire
amando la muerte
con dulces gemidos.
El día flagela su espalda
con su sucia luminosidad.
El firmamento
se muestra desprovisto
de reales distancias.

El soñador ignora
por qué parte.
Pero el lugar de llegada
le ha sido prometido
con todos los males posibles,
con absoluta certeza.

With visible words
the humans speak
with their new gods
while the firmament
wants to burn.

With the absence of land,
the dreamer crosses the air corridors,
loving death with sweet wailing.
The day flogs his back
with its dirty luminosity.
The firmament appears devoid
of real distances.

The dreamer does not know
why he is leaving.
But the place of arrival
has been promised to him
with all possible evils,
with absolute certainty.

HUMO Y VIENTO

Cara a cara con la vigilia
a punto de soñarla,
pero el soñador
carece de rostro.
Si fuese un chorro de luz
pasaría al otro lado
guiado por el viento,
sin cuerpo,
sin pasos.

Su sombra sale
de su propia oscuridad,
ruega de rodillas
que la dejen
ingresar al sueño,
que la libere
del sol abrasador
de la vigilia.

Entierran palabras
en el humo
y el espacio se cierra
con un viento
que estremece los muebles,
la cama que se levanta
e ingresa
a la cocina dormida,

SMOKE AND WIND

Face to face with wakefulness
on the point of dreaming it,
but the dreamer
has no face.
If he were a stream of light
he would cross to the other side
guided by the wind,
without body,
without steps.

His shadow exits
from its own darkness,
it begs on its knees
to be allowed
to enter the dream,
to be freed
from the scorching sun
of wakefulness.

Words are buried
in the smoke
and the space closes in
with a howl
that makes the furniture tremble,
the bed that rises
and enters
the sleeping kitchen,

donde el soñador prepara
su última comida
a la luz de una vela
que oscurece su sombra.

where the dreamer prepares
his last meal
under the light of a candle
that darkens his shadow.

SUEÑO DEL INSOMNIO

Sin la firmeza de la tierra,
esos espacios sólidos
de las noches que quedan
con la nuca al aire,
son los días para preservar.
El soñador se tapa
los ojos para no mirar
el comienzo del breve tiempo,
el tímido ascenso,
rojos y desnudos bailan
los humanos en las cavernas.
Y todo desunido
por una tijera ritual.
Sobre la flor
el calor impide
sus cercanos silencios
de inmovilidad.

Y a la luz se cierran
las ventanas de la selva,
se encoge y se agacha el miedo,
antes de tantas noches
de un mundo conocido
como negra profecía
cae el animal moribundo.
En la superficie el soñador
descarta la maldición
de andar sobre aires terribles
siempre hollados.

DREAM OF INSOMNIA

Without the firmness of the earth
those solid spaces
of the nights that remain
with their napes exposed
are the days to be preserved.
The dreamer covers his eyes
so as not to look at
the beginning of brief time,
the timid ascent,
red and naked, the humans
dance in caves.
And everything is separated
by ritual scissors.
Over the flower
the heat hinders
their nearby silences
of immobility.

And with the light, the windows
of the jungle close,
fear cringes and bends down,
before so many nights
of a known world,
like a black prophesy,
the dying animal falls.
On the surface, the dreamer
discards the curse
of walking over terrible airs
always trodden upon.

Y ahí están las piedras,
siempre las mismas,
como músculos afeando
las ramas terrestres.
Hombres y mujeres carecen
de la voluntad de soñar
y gimen en el espacio privado,
sólo el soñador conserva
el fuego prendido.

Sin la firmeza de la tierra,
el futuro todo lo borra.

And there are the stones,
always the same ones,
like muscles making ugly
the terrestrial branches.
Men and women lack
the will to dream
and moan in private space,
only the dreamer preserves
the burning fire.

Without the firmness of the earth,
the future erases all.

ACERCA DEL AUTOR

Isaac Goldemberg nació en Chepén, Perú, en 1945 y reside en Nueva York desde 1964. Ha publicado cuatro novelas, un libro de relatos, trece de poesía y tres obras de teatro. Sus publicaciones más recientes son *Libro de reclamaciones* (Palma de Mallorca, 2018), *Philosophy and Other Fables* (Nueva York, 2016), *Dialoghi con me e con i miei altri/Diálogos conmigo y mis otros* (Roma, 2015) y *Remember the Scorpion* (Los Ángeles, 2015). Es autor también de *El gran libro de América judía* (antología de 2240 páginas, 1998). En 1995 su novela *La vida a plazos de don Jacobo Lerner* fue considerada por un comité de escritores y críticos literarios como una de las mejores novelas peruanas de todos los tiempos; y en el 2001 fue seleccionada por un jurado internacional de críticos literarios convocado por el Yiddish Book Center de Estados Unidos como una de las 100 obras más importantes de la literatura judía mundial de los últimos 150 años. Su obra ha sido sido traducida a varios idiomas e incluida en numerosas antologías de América Latina, Europa y los Estados Unidos. Ha recibido, entre otros, el Premio Nuestro de Novela (1977), el Premio Nathaniel Judah Jacobson (1996), el Premio Estival de Teatro (2003), el Premio de Ensayo Luis Alberto Sánchez (2004), la Orden de Don Quijote (2005), el Premio Tumi a la Excelencia (2014) y el Premio de Poesía del P.E.N. Club del Perú (2015). En 2014, la Casa de la Literatura Peruana en Lima, presentó "Tiempos y Raíces", una Exhibición/Homenaje dedicada a su vida y obra.

ABOUT THE AUTHOR

Isaac Goldemberg was born in Peru in 1945 and has lived in New York since 1964. He is the author of four novels, a collection of short fiction, thirteen collections of poetry and three plays. His most recent publications are *Libro de reclamaciones* (Palma de Mallorca, 2018), *Philosophy and Other Fables* (New York, 2016), *Dialoghi con me e con i miei altri/Diálogos conmigo y mis otros* (Rome, 2015), and *Remember the Scorpion* (Los Angeles, 2015). He is also the author of *El gran libro de América judía (The Great Book of Jewish America,* a 2240-page anthology, 1998). In 1995 his novel *The Fragmented Life of Don Jacobo Lerner* was selected by a committee of writers and literary critics as one of the best 25 Peruvian novels of all times and in 2001 a panel of international scholars convened by the National Yiddish Book Center chose it as one of the 100 greatest Jewish books of the last 150 years. His work has been translated into several languages and included in numerous anthologies in Latin America, Europe and the United States. He has received the following awards, among others: the Nuestro Fiction Award (1977), the Nathaniel Judah Jacobson Award (1996), the Estival Theater Award (2003), the Luis Alberto Sánchez Essay Award (2004), the Order of Don Quijote (2005), the Tumi Excellence Award (2014), and the P.E.N. Club of Peru Poetry Award (2015). In 2014, the House of Peruvian Literature in Lima, presented "Tiempos y Raíces" (Times and Roots), a Homage/Exhibition devoted to his life and works.

Goldemberg figura en la lista de "Autores iberoamericanos mas estudiados en las universidades de Estados Unidos", compilada por el Gale Research Institute. Fue Director fundador de la Feria del Libro Latinoamericano de Nueva York (1985-1995), catedrático de New York University (1971-1986) y Profesor Distinguido de The City University of New York en Hostos Community College (1998-2019), donde fue Director fundador del Instituto de Escritores Latinoamericanos y de la revista internacional de cultura *Hostos Review*. Es Miembro Numerario de la Academia Norteamericana de la Lengua Española y profesor honorario de la Universidad Ricardo Palma, de Lima, Perú.

Goldemberg appears in the list of "Most Studied Ibero-American Authors in United States Universities," compiled by the Gale Research Institute. He was the founder-director of the New York Latin American Book Fair (1985-1995), Professor at New York University (1971-1986), and Distinguished Professor of Humanities of The City University of New York at Hostos Community College (1998-2019), where he was the founder-director of the Latin American Writers Institute and the founder-editor of *Hostos Review*, an international journal of culture. He is also a Fellow Member of the North American Academy of the Spanish Language and Honorary Professor of the Ricardo Palma University in Lima, Peru.

ACERCA DEL TRADUCTOR

Sasha Reiter nació en la ciudad de Nueva York en 1996. Creció en el Bronx, donde como hijo de padre argentino y madre peruana, experimentó en carne propia la otredad metafórica de ser latino y judío. Recibió su Bachillerato en Literatura Inglesa y Creación Literaria en Binghamton University (2018). Pasó un semestre en Londres estudiando historia y cultura de Inglaterra. Ha publicado dos libros de poemas: *Choreographed in Uniform Distress/Coreografiados en uniforme zozobra* (Nueva York: Artepoética Press, 2018; y Lima: Grupo Editorial Amotape, 2a edición, 2018), y *Sensory Overload/Sobrecarga sensorial* (New York: Nueva York Poetry Press, 2020). Su poesía ha sido publicada en inglés y en traducción al español y coreano en *Multilingual Anthology: The Americas Poetry Festival of New York 2018; Korean Expatriate Literature* (Santa Fe Springs, CA, 2019), *Sol Negro* (Lima, 2018), *Hawansuyo* (Nueva York, 2018), *Letralia* (Caracas, 2018), *ViceVersa* (Nueva York, 2018), *Pluma y Tintero* (Madrid, 2018) y *Altazor* (Santiago de Chile, 2020). Su poesía será publicada en *Yale Club Poets Anthology* (fecha de publicación: 2021). Ha traducido al inglés *The Gaze/La Mirada* (poemario de Pedro Granados, Nueva York, Artepoética Press, 2020) y *Identity Flight/Vuelo de identidad* (colección de poemas de Oscar Limache, que será publicada por Grupo Editorial Amotape, Lima, 2021).

ABOUT THE TRANSLATOR

Sasha Reiter was born in New York City in 1996. He grew up in the Bronx, where as the son of an Argentinian father and a Peruvian mother, he experiended first hand the metaphorical otherness of being both Latino and Jewish. He received his B.A. in English Literature and Creative Writing from Binghamton University (2018). He spent a semester in London studying English history and culture. He has published two collections of poems: *Choreographed in Uniform Distress/Coreografiados en uniforme zozobra* (New York: Artepoetica Press, 1st edition, 2018; and Lima: Grupo Editorial Amotape, 2nd edition, 2018), and *Sensory Overload/Sobrecarga sensorial* (New York: Nueva York Poetry Press, 2020). His poetry has been published in English and in Korean and Spanish translation in *Multilingual Anthology: The Americas Poetry Festival of New York 2018; Korean Expatriate Literature* (Santa Fe Springs, CA, 2019), *Sol Negro* (Lima, 2018), *Hawansuyo* (New York, 2018), *Letralia* (Caracas, 2018), *ViceVersa* (New York, 2018), *Pluma y Tintero* (Madrid, 2018) and *Altazor* (Santiago de Chile, 2020). His poetry will also appear in *Yale Club Poets Anthology* (publication date: 2021). He has translated into English *The Gaze/La Mirada* (a collection of poems by Pedro Granados, New York, Artepoetica Press, 2020) and *Identity Flight/Vuelo de identidad* (a collection of poems by Oscar Limache, to be published by Grupo Editorial Amotape, Lima, 2021).

Además, ha publicado traducciones al inglés de varios poemas de Isaac Goldemberg en *Anthology of Hispanic-American Poets of the USA / Antología de Poetas Hispanoamericanos de los Estados Unidos* (Arlington, VA: Gival Press, 2020). Actualmente estudia para una Maestría en Creación Literaria en Sarah Lawrence University.

In addition, he has published translations into English of several poems by Isaac Goldemberg in *Anthology of Hispanic-American Poets of the USA / Antología de Poetas Hispanoamericanos de los Estados Unidos* (Arlington, VA: Gival Press, 2020). He is currently pursuing an MFA in Creative Writing at Sarah Lawrence University.

ÍNDICE

Sueño del insomnio

Dream of Insomnia

Colección
VIVO FUEGO
Poesía esencial
(Homenaje a Concha Urquiza)

1
Ecuatorial / Equatorial
Vicente Huidobro

Colección
CUARTEL
Premios de poesía
(Homenaje a Clemencia Tariffa)

1
El hueso de los días.
Camilo Restrepo Monsalve

-

V Premio Nacional de Poesía
Tomás Vargas Osorio

Colección
PIEDRA DE LA LOCURA
Antologías personales
(Homenaje a Alejandra Pizarnik)

Colección
CRUZANDO EL AGUA
Poesía traducida al español
(Homenaje a Sylvia Plath)

Colección
SOBREVIVO
Poesía social
(Homenaje a Claribel Alegría)

Colección
LABIOS EN LLAMAS
Poesía emergente
(Homenaje a Lydia Dávila)

Colección
TRÁNSITO DE FUEGO
Poesía centroamericana y mexicana
(Homenaje a Eunice Odio)

Colección
MUNDO DEL REVÉS
Poesía infantil
(Homenaje a María Elena Walsh)

1
Amor completo como un esqueleto
Minor Arias Uva

2
Del libro de cuentos inventados por mamá
La joven ombú
Marisa Russo

Colección
VEINTE SURCOS
Antologías colectivas
(Homenaje a Julia de Burgos)

1

Antología 2020 / Anthology 2020
Ocho poetas hispanounidenses / Eight Hispanic American Poets
Luis Alberto Ambroggio

.

Para los que piensan, como Antonio Machado, que "la poesía es la palabra esencial en el tiempo", este libro se terminó de imprimir en el mes de enero de 2021 en los Estados Unidos de América.

www.ingramcontent.com/pod-product-compliance
Lightning Source LLC
Chambersburg PA
CBHW031135090426
42738CB00008B/1088